Die Autorin:

Eveline Hasler studierte Psychologie und Geschichte und war später als Lehrerin tätig. Sie lebt heute als freie Schriftstellerin im Tessin, Schweiz. Neben Büchern für Kinder schreibt die renommierte Autorin auch Romane für Erwachsene, die ebenso wie ihre Kinderbücher vielfach mit Preisen ausgezeichnet wurden. 1994 erhielt sie für ihr literarisches Gesamtwerk den Droste-Preis.

Weitere Titel von Eveline Hasler bei dtv junior: siehe Seite 4

Die Illustratorin:

Lilo Fromm stammt aus Berlin. Sie studierte Malerei in Freiburg, München und Hamburg. Seit mehr als dreißig Jahren ist sie freie Malerin, macht Bilderbücher und illustriert Kinderbücher. Viele ihrer Bücher erhielten deutsche und internationale Auszeichnungen, und viele erschienen in mehr als zwanzig Sprachen. Für dtv junior illustrierte sie »Der Buchstabenvogel« von Eveline Hasler (Band 7563 und 7516), zu dem sie auch den Text schrieb. Lilo Fromm lebt heute in Berlin und Südfrankreich.

Eveline Hasler
Die Buchstabenmaus

Mit Bildern von Lilo Fromm

Deutscher Taschenbuch Verlag

Von Eveline Hasler sind bei dtv junior außerdem lieferbar:

In der Reihe dtv junior Lesebär:
In großer Druckschrift:
Der Buchstabenvogel, Band 7563
Der Buchstabenclown, Band 7572
Der Buchstabenräuber, Band 7584

… und in Schreibschrift:
Der Buchstabenvogel, Band 7516
Der Buchstabenclown, Band 7530
Der Buchstabenräuber, Band 7532

Originalausgabe
August 1994
3. Auflage Juli 1996
© Deutscher Taschenbuch Verlag GmbH & Co. KG, München
Umschlaggestaltung: Klaus Meyer, Simone Fischer
Umschlagbild: Lilo Fromm
Gesetzt aus der Trump 16/18
Gesamtherstellung: Kösel, Kempten
Printed in Germany ISBN 3-423-75034-0

Wenn der Vollmond scheint,
tanzen die Mäuse.
Auch Stanislaus
geht auf den Mäuseball.
Wenn er tanzt, lachen ihn
die anderen Mäuse aus und rufen:
»Stanislaus, Schulmaus,
ach, wie mager siehst du aus.
Tintenschlecker
Bücherschmecker
A B C, o herrje!«

Nach dem Ball besucht
Stanislaus seine Großmutter,
die alte Suse.
Die Susemaus liebt ihren Enkel.
»Mhm, du wirst nie fett!«
sagt sie und mustert ihn
mit ihren alten, müden Augen.

»Es geht mir nicht schlecht«,
sagt Stanislaus.
»Im Schulhaus gefällt es mir.
Nachts finde ich immer
ein paar Brosamen
von den Pausenbroten.
Und am Tag
höre ich die Kinder lesen.
Ich freue mich an Wörtern,
an neuen Wörtern,
die lustig klingen.«

»Kannst du denn auch lesen?«
will die alte Suse wissen.
»Nein«, sagt Stanislaus.
»Leider kann ich nicht
an die Wandtafel sehen,
mein Loch in der Wand
ist zu klein.«
Die Susemaus wiegt nachdenklich
ihren großen grauen Kopf.
»Du sollst lesen lernen,
Stanislaus«, sagt sie.
»Wer lesen kann, ist besser
dran. Wenn du lesen kannst,
bist du eine besondere Maus.
Du kannst Bücher lesen.
Es gibt nämlich viele Bücher.
Über Käse, über Speck,
über den Mond und über
unsere Feinde, die Katzen.
Wenn du sie liest,
wirst du eine Menge wissen.
Und wenn du eine Menge weißt,
kannst du Mausekönig werden.

Vielleicht«, fügt sie
vorsichtshalber noch hinzu.
Stanislaus denkt nach.
Plötzlich hat er
ganz glänzende Augen.
»Weißt du was?« sagt er
zur Susemaus, »wenn ich
schreiben gelernt habe, will ich
eine Geschichte schreiben!
So wird sie beginnen:
**Das ist die Geschichte
von Stanislaus,
der Buchstabenmaus.
Sie traut sich nicht
aus ihrem Loch,
und eines Tages
wagt sie's doch…«**

»Halt, Stanislaus«,
wehrt die Susemaus ab.
»Noch kannst du ja keinen
einzigen Buchstaben schreiben.
Zudem: Ich warne dich:
Schlüpfe nicht aus deinem Loch,
wenn die Kinder in der Schule
sind. Die Kinder sind nicht böse.
Aber...
...sie haben etwas gegen Mäuse!
Bleib in deinem Versteck,
aber versuch, dein Guckloch
größer zu machen!«

In der Nacht will Stanislaus
das Loch in der Wand vergrößern.
Er sägt und feilt
und feilt und sägt mit seinen
scharfen Mäusezähnen.

Um acht beginnt die Schule.
Die Lehrerin schreibt Wörter
an die Tafel.
Stanislaus drückt sein Gesicht
nahe ans Loch.

Das Guckloch ist immer
noch zu klein! Stanislaus kann
nur einen Teil der Tafel sehen!

Da steht: *St*

Die anderen Buchstaben
sieht er nicht.
Heißt es vielleicht
St-anislaus?
oder St-all
oder St-ab
oder ……?

Jetzt schreibt die Lehrerin:

Ka

Heißt es vielleicht
Ka-tze?
oder Ka-mel
oder Ka…?

Nun darf ein Kind nach dem
anderen zur Tafel kommen
und seinen Namen schreiben.

Eines schreibt *Ro*

Heißt es vielleicht Ro-sina?
Oder ist es ein Junge,
der Ro… heißt?
Oder heißt der Junge Ro….?

Ein anderes Kind schreibt *Ma*

Ist es ein Mädchen, das Ma…. heißt?
Oder heißt das Mädchen Ma……?

Weiter unten auf der Tafel steht

An

Gehört der Name einem Jungen,
der An… heißt? rätselt Stanislaus.
Aber nein,
der Name gehört wohl
dem Mädchen
in der hintersten Bank.
Stanislaus kann sie von seinem
Guckloch aus gut sehen.

Sie gefällt ihm.
Heute trägt sie einen Pullover,
der ist so hellrosa
wie das Innere
von einem Mäuseohr.

›Ich will lesen lernen wie Anna‹,
denkt Stanislaus. ›Mein
Guckloch muß größer sein.‹
Er feilt und sägt
und sägt und feilt mit seinen
scharfen Mäusezähnen.
Knisper, knusper, tock tock…

»Es hat geklopft«, ruft ein
Mädchen. Die Lehrerin geht
zur Tür und öffnet,
aber niemand steht draußen.
»Es ist von dahinten gekommen«,
meint einer der Jungen
und zeigt zur Wand.
Alle Kinder drehen die Köpfe,
aber dahinten ist nichts
zu sehen als ein alter Schrank.
Nur Anna entdeckt
das kleine Loch in der Wand.
Im Loch sieht sie
ein rundes, glänzendes Auge.
›So kleine runde Augen
haben nur Mäuse‹, denkt sie.
In dem Moment hört sie Frieder
sagen: »Vielleicht ist im Schrank
eine Maus? Mein Vater kann
Mäuse mit der Hand fangen.«
Da ruft Rudi, sein Banknachbar:
»Mäuse muß man tot machen,
mausetot!«

Anna blickt in die glänzenden
Mäuseaugen. Schnell schaut sie
wieder nach vorne.
Sie verrät nichts von dem,
was sie gesehen hat.

Vor der Pause legt Anna
von ihrem Brot schnell
ein paar Krumen unter die Bank.
Auf dem Pausenhof beim Spielen
sagt sie plötzlich:
»Ich habe etwas vergessen.
Ich muß nochmals
ins Klassenzimmer.«
Leise öffnet sie die Tür.
Da, unter ihrer Bank
sitzt eine Maus!
Sie frißt Brotkrumen.
Als sie Annas Schritte hört,
will sie rasch weghuschen.
Aber Anna flüstert:
»Bleib doch, Mäuschen.

Ich tue dir nichts. Während
der Stunde habe ich gesehen,
wie du durch das Loch
in der Wand geguckt hast.
Ich habe dich nicht verraten.
Übrigens: Ich heiße Anna.
Und du?«
»Stanislaus, ich bin Stanislaus«,
piepst Stanislaus. Seine Stimme
klingt ganz dünn vor Schreck.
Dann aber faßt er Mut.
»Ich kenne dich schon lange, Anna.
Heute hast du einen neuen
Pullover an, nicht wahr?«
Er schaut Anna mit seinen
glänzenden Augen an.
»Weißt du, ich möchte auch gern
lesen und schreiben lernen
wie du und die anderen Kinder.
Aber mein Guckloch ist zu klein.
Ich kann nur einen Teil
der Tafel sehen.«
Anna überlegt.

»Weißt du was?« sagt sie dann,
»setz dich einfach
neben mich auf die Bank.
Dort sieht dich keiner.
Dort kannst du besser
zur Tafel sehen.«

Nach der Pause schreiben
die Kinder in ihre Hefte.
Margrit fällt ihr Bleistift
auf den Boden.
Sie kriecht unter ihr Pult.
Als sie wieder auftaucht,
ruft sie in die Klasse:
»Neben Anna sitzt eine Maus!«
Die Kinder halten das
für einen Scherz und lachen.
Nur Rudi, der Mäuse nicht
leiden kann, schreit:
»Eine Maus, igitt!«

Ein paar Kinder wollen
nach hinten rennen, aber die
Lehrerin hält sie zurück.
»Setzt euch ruhig hin, Kinder!
Sonst fürchtet sich die Maus.
Paßt auf! Vielleicht möchte sie
etwas von uns?«
Nun wird es in der Klasse
mäuschenstill.
»Fieps«, macht es da. »Fieps!«
Und nun hört man es deutlich:
»Ich bin Stanislaus,
die Schulmaus.
Ich möchte – fieps –
lesen und schreiben lernen!«

Stanislaus hört sein
Herz klopfen.
Sein Schnäuzchen zittert.
Er hat all seinen Mut gebraucht.

Die Lehrerin denkt einen
Moment nach. Dann sagt sie:
»Wer lesen und schreiben
lernen will, gehört zur Klasse.
Egal, wie groß oder klein er ist,
Hauptsache, er macht mit!
Also willkommen, Stanislaus!«

»Willkommen, Stanislaus!«
rufen die Kinder und lachen.
Stanislaus darf sich neben Anna
aufs Pult setzen. Endlich hat
er freie Sicht auf die Tafel!

Die Lehrerin zeigt ihm
alle Buchstaben.
Sie gibt ihm
ein eigenes Heft.
Stanislaus lernt schnell.

»Nun kann ich schon schreiben«,
sagt Stanislaus am Mittag stolz.
Die Lehrerin blickt in sein Heft.

Dort steht:

Am nächsten Morgen liegt
auf Annas Pult ein Zettelchen:

An Anna Du bist lieb

Anna wird ein bißchen rot.
Dann schreibt sie zurück:

*An Stanislaus!
Du bist auch lieb!*

Am nächsten Tag schreibt
Stanislaus in sein Heft:

*Maus Haus aus
Spek wek*

»Stanislaus kann ja reimen!«
sagt die Lehrerin erstaunt.
»Wer kann auch reimen?«
Die Lehrerin schreibt
an die Tafel:

Nase
V _ _ _
B _ _ _
und ?

Rand
S _ _ _
W _ _ _
und ?

Mutter
F _ _ _
B _ _ _
und ?

Bein
F _ _ _
St _ _ _
D _ _ _
und ?

Fliege
Z _ _ _
L _ _ _
und ?

Stani

Eine Woche später setzt
Stanislaus zum Lesen
Annas Brille auf.
»Siehst du ohne Brille nicht gut?«
fragt die Lehrerin.

»Oh, doch«, sagt Stanislaus.
»Aber mit der Brille
sehe ich gescheit aus.«

Rudi biegt in der Pause
aus einem Stück Draht
eine kleine Brille.
Er schenkt sie Stanislaus.

Beim nächsten Vollmond,
auf dem Mäuseball,
setzt Stanislaus seine Brille
auf und geht tanzen.

»Stanislaus, du siehst
plötzlich so klug aus!«
rufen die Mäuse.
Stanislaus nickt
und sagt bescheiden:
»Ich habe lesen
und schreiben gelernt.«
Die anderen Mäuse klatschen.
»Bravo! Bravo!
Dann sollst du
unser Mäusekönig werden.
Wir wollen einen König,
der uns vorliest.
Als Mäusekönig darfst du
in einem Palast wohnen.
Da hängen Speck und Käse.
Nie mehr mußt du zurück
in dein Klassenzimmer.«

»Ich möchte aber zurück!«
sagt Stanislaus. »Mit Anna
und den anderen Kindern
möchte ich besser
schreiben lernen.
Dann schreibe ich eine
Geschichte auf, die fängt so an:
**Das ist die Geschichte
von Stanislaus,
der Buchstabenmaus.
Sie traut sich nicht
aus ihrem Loch
und eines Tages
wagt sie's doch…«**

»Einverstanden«, sagen die
Mäuse. »Beim nächsten
Mäuseball wirst du uns
eine Geschichte vorlesen.
Stanislaus!
Buchstabenmaus!
Mäusekönig!«